Stefan Bihary

Ungarisches Kochbuch für Einsteiger und Fortgeschrittene

Stefan Bihary

Ungarisches Kochbuch

für Einsteiger und Fortgeschrittene

AUGUST VON GOETHE LITERATURVERLAG

IM GROSSEN HIRSCHGRABEN ZU FRANKFURT A/M

Das Programm des Verlages widmet sich
– in Erinnerung an die
Zusammenarbeit Heinrich Heines
und Annette von Droste-Hülshoffs
mit der Herausgeberin Elise von Hohenhausen –
der Literatur neuer Autoren.
Das Lektorat nimmt daher Manuskripte an,
um deren Einsendung das gebildete Publikum
gebeten wird.

©2009 FRANKFURTER LITERATURVERLAG FRANKFURT AM MAIN
Ein Unternehmen der Holding
FRANKFURTER VERLAGSGRUPPE
AKTIENGESELLSCHAFT AUGUST VON GOETHE
In der Straße des Goethehauses/Großer Hirschgraben 15
D-60311 Frankfurt a/M
Tel. 069-40-894-0 ✳ Fax 069-40-894-194
E-Mail: lektorat@frankfurter-literaturverlag.de

Medien- und Buchverlage
DR. VON HÄNSEL-HOHENHAUSEN
seit 1987

Websites der Verlagshäuser der Frankfurter Verlagsgruppe:

www.frankfurter-verlagsgruppe.de
www.frankfurter-literaturverlag.de
www.frankfurter-taschenbuchverlag.de
www.august-goethe-literaturverlag.de
www.fouque-literaturverlag.de
www.weimarer-schiller-presse.de
www.deutsche-hochschulschriften.de
www.deutsche-bibliothek-der-wissenschaften.de
www.haensel-hohenhausen.de

Bibliografische Information der Deutschen Nationalbibliothek
Die Deutsche Nationalbibliothek verzeichnet diese Publikation in der Deutschen
Nationalbibliografie; detaillierte bibliografische Daten sind im Internet
über http://dnb.dn-b.de abrufbar.

Satz und Lektorat: Annette Sunder

ISBN 978-3-8372-0306-6
ISBN 978-1-84698-913-1

1. Auflage 2009
2. Auflage 2010

Die Autoren des Verlags unterstützen den Bund Deutscher Schriftsteller e.V.,
der gemeinnützig neue Autoren bei der Verlagssuche berät.
Wenn Sie sich als Leser an dieser Förderung beteiligen möchten, überweisen Sie bitte
einen – auch gern geringen – Beitrag an die Volksbank Dreieich, Kto. 7305192, BLZ 505 922 00,
mit dem Stichwort „Literatur fördern". Die Autoren und der Verlag danken Ihnen dafür!

Gedruckt auf säurefreiem, alterungsbeständigen Papier,
hergestellt aus chlorfrei gebleichtem Zellstoff (TcF-Norm)

Printed in Germany

Vorwort

In diesem Handbuch möchte ich Sie mit einigen ungarischen Speisespezialitäten, die einfach, schnell und preiswert herzustellen sind, bekanntmachen.

Die Rezepte sind für 2-4 Personen geschrieben. Allen lieben Lesern schlage ich vor, von den Gewürzen eher weniger als mehr zu nehmen, da die Speisen auch nach dem Kochen noch nach dem eigenen Geschmack gewürzt werden können. Die Würzung der Speisen in diesem Handbuch ist auch für die Leser, die an leichten Zucker-, Magen-, oder Nierenkrankheiten leiden, zu vertragen.

Gewürze sind unentbehrlich in der Küche. Doch sollte man damit vorsichtig umgehen, da Menge und Qualität der nationalen Küche den Charakter geben.

Es ist noch in Betracht zu ziehen, daß die Gemüsearten der einzelnen Länder nicht nur im Aroma, sondern auch in der Farbe und Größe unterschiedlich sind. Deshalb sind die Mengen bei den Gewürzen nur ca. zu bestimmen.

Das Kochen ist auch eine Art der Kunst. Man sollte ein gewisses „Fingerspitzengefühl" für die Menge der jeweils verwendeten Gewürze entwickeln. Vor der Aufzählung der in der ungarischen Küche am meisten verwendeten Gewürze möchte ich vorangehend bemerken, daß das Grundgewürz in der ungarischen Küche nicht Paprika ist, wie allgemein angenommen.

Es bewahrheitet sich auch die Küchenkunst, daß erst die Übung den Meister macht. Wenn unser „Werk" beim ersten Mal nicht gleich gelingt, sollte man nicht aufgeben, sondern ruhig einen zweiten Versuch wagen.

Mit der Zusammenstellung der Gerichte sollte man vorsichtig sein, z. B. ist eine Fleischsuppe eine geeignete Vorspeise zu einem nachfolgenden reichhaltigeren Gericht. Im Gegensatz dazu reicht eine echte Gulaschsuppe selbst als Mahlzeit und man sollte vor und nach dieser Suppe nur leichte Speisen rei-

chen. Das bezieht sich auf alle Gerichte, so sind die Kombina-
tionsmöglichkeiten außerordentlich groß.

Ich wünsche Ihnen deshalb viel Erfolg beim Zubereiten der
Speisen und einen guten Appetit!

Inhalt

Meist(ens) verwendete Gewürze

Basilikum: für Tomatenmark, Suppen, Wildpastete, Bohnengemüse und Dauerwurst.

Borrago: Salat und Gemüse.

Wacholderbaum: für Diabetiker Ersatzmittel statt Pfeffer, für Salat, Fleischgerichte, Überdosieren macht bitter!

Zitronelle: (Heilpflanze) Fruchtsalat, Fruchtsäfte, Fruchtsuppen, Wildgerichte mit oder ohne Wein.

Ysop: für Braten, Kartoffeln und Selleriesalat, Fleisch und Fischsalat, Heilmittel für Atemwege.

Thymian: für Diabetiker, wegen des scharfen Aromas muß er vorsichtig verwendet werden, für Füllungen, für Fleischgerichte mit oder ohne Wein, für Fleischsuppen, Grillgerichte, Quark und Käsegerichte.

Dill: gehackte kleine Blätter, Würzung für Suppen, Salat, Soße, Gemüse, Gurken, Salzdill-Gurken, Braten, Wurstfüllung, Beizen. Magenstärkend, Heilmittel.

Majoran: für Wurst, Hähnchen, Lammfleisch, Wild, Soße unentbehrliches Gewürz, Heilpflanze.

Rosmarin: gedünstetes Fleisch, Heilpflanze.
Salbei: für gekochte Nudeln; Leberpastete und fettiges Fleisch abschmecken. Wegen des scharfen Aromas muß es vorsichtig verwendet werden oder mit Ysop, Majoran, Rosmarin, Lorbeer benutzt werden.

Petersilie: für Braten, Salat; kalte Gerichte dekorieren, für Suppen und Reisgerichte.

Estragon: für Suppen, Soße, Salat, Fischgerichte, Fleischgerichte, Lamm, Geflügel, Innereien-Gerichte, Gemüse, Eigerichte, Beilage. Heilpflanze für Nieren- und Gallenkranke.

Kümmel: für Brot, Wurst, Käse, Beizen, Salate, einfache Suppen, Gemüse.

Lorbeer: Für Suppen, Fleischgerichte, Gemüse, Soße, Fischgerichte, Konserven, Essiggerichte abschmecken.

Muskatnuß: für Milchprodukte, Suppen, Käsegerichte, Soße, Hackfleisch, Gemüse, Kürbis, Kartoffeln, Spinat.

Nelkenpfeffer: Wurst, Fleischgerichte, Beizen, statt Pfeffer für Diabetiker.

Pfeffer: Suppen, Fleisch, Wurst, für fast alle Gerichte zum Abschmecken.

Gewürzpaprika: für Suppen, Fleischgerichte, Gulasch, Salate, kann fast für alle Gerichte verwendet werden.

Ungarisches Gewürzpaprika: kann mild, Rosen und scharf sein.

Das scharfe Aroma Capsaicin-Alkaloid kann gegen Rheuma Heilmittel sein, aber nicht überdosieren!

Das Rind

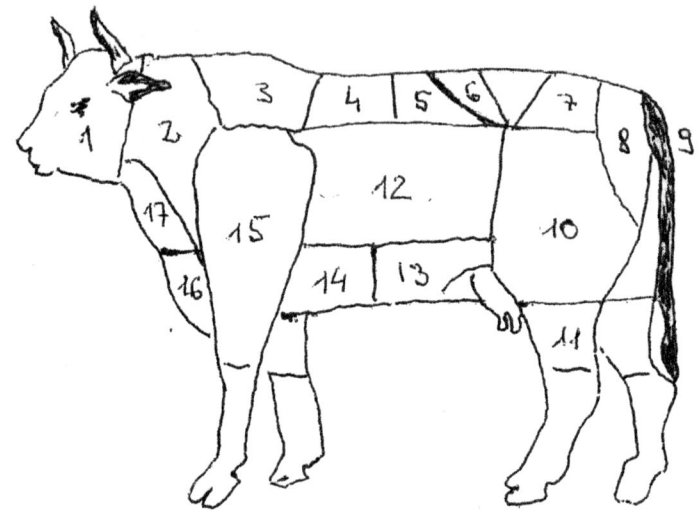

1	Kopf	für Schmor- und Räucherfleisch
2	Nacken	für Suppenfleisch, Gulasch
3	Kamm	zum Kochen und Schmoren, kurz bratbares Fleisch im Stück oder in Scheiben
4	Hohe Rippe	zum Braten, Grillen
5	Lende	Roastbeef, Rumpsteak
6	Filet	zum Kurzbraten
7	Hüfte	Suppenfleisch, gekochtes Fleisch
8	Schwanzstück	Suppenfleisch, gekochtes Fleisch
9	Schwanz	Pökeln, Suppenfleisch, wildbretartig, Pörkölt
10	Oberschale (Blume)	zum Kochen, Dünsten, in Scheiben
11	Haxe	Gulasch, Kleinfleisch, Suppenfleisch
12	Querrippe	Suppenfleisch

13	Bauch	
14	Brust	zum Kochen und Räuchern, für Pörkölt, für Gulasch
15	Schulter	Suppenfleisch, Kleinfleisch, Gulasch
16	Brust (vordere)	Suppenfleisch, zum Kochen und Räuchern
17	Stich	Suppenfleisch, zum Kochen und Räuchern, Dünsten

Das Schwein

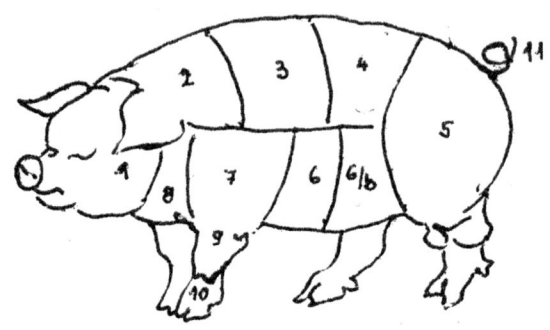

1	Kopf	zum Räuchern und für Sülze
2	Nacken	zum Braten und Räuchern
3+4		Rücken zum Braten in einem Stück oder in Scheiben und zum Backen
5	Schinken, Keule	zum Braten und Räuchern
6/b	Bauch	zum Braten, für Pörkölt, Tokány, Hackfleisch
6	Rippenfleisch	
7	Schulter	
8	Unterkinn	für Schweineschmalz und Speck
9	Klaue	zum Braten, Räuchern und für Sülze
10	Klaue, Kralle	für Pörkölt, für Gulasch und Sülze
11	Schwanzteil	für Gulasch und für Sülze, gekocht mit Meerrettich

Suppen

Kirsch- oder Sauerkirschsuppe

Zubereitungszeit: ca. 25 Minuten

Zutaten: 300 g Kirschen od. Sauerkirschen, 2 Eßlöffel Zucker, 2 Eßlöffel Mehl, 250 g Sauerrahm od. Sahne, ½ l Wasser, 1 Prise Salz.

½ l Wasser zum Kochen aufsetzen mit Salz und Zucker. Kirschen od. Sauerkirschen dazugeben und 2-3 Min. kochen lassen. Dazwischen in den Sauerrahm 2 Eßlöffel Mehl einrühren. In die abgekühlte Suppe den gerührten Rahm geben und das alles noch mal 2-3 Min. aufkochen lassen.
Kalt und warm anrichten. Nach Geschmack mit Zimt würzen.

Birnensuppe, Apfelsuppe, Aprikosensuppe ebenso zubereiten.

Eiersuppe

Zubereitungszeit: ca. 20 Minuten

Zutaten: ½ Eßlöffel Margarine od. Öl, etwas Kümmel (ganz od. gemahlen), 1 Mokkalöffel süße Paprika, 1 Prise Salz, 1½ Eßlöffel Mehl, ein paar Tropfen Essig, pro Person ein Ei, 1 Prise gehackte Petersilie, ½ geriebene Zwiebel, ohne Zwiebel auch möglich.

Feingeschnittene Petersilie und eine halbe geriebene Zwiebel in Margarine od. Öl rösten, ein wenig Salz, Kümmel, 1 Mokkalöffel süße Paprika dazugeben mit Wasser auffüllen und ca. 5 Min. kochen.
Dann pro Person 1 od. 2 rohe Eier hereingeben und noch 3 Min. kochen lassen. Oder pro Person 1-2 Eier glattrühren und in die Suppe geben, dazwischen langsam rühren.
Vor dem Servieren je nach Geschmack mit ein paar Tropfen Essig od. Sauerrahm abschmecken.

Tomatensuppe

Zubereitungszeit: ca. 20 Minuten

Zutaten: 1 Eßlöffel Öl, 1 Eßlöffel Mehl, 1 Liter Tomatensaft (od. Konserventomaten), Salz, 3-4 ganze Sellerieblätter, 1 Prise Pfeffer, Zucker, 1 kleine Zwiebel (ganz od. gerieben je nach Geschmack), Nudeln od. Reis.

Rosa Mehlschwitze mit Öl bereiten und mit dem Tomatensaft und Wasser auffüllen. Dann Salz, Pfeffer, 1 Eßlöffel Zucker, Sellerieblätter und Zwiebeln dazugeben und aufkochen lassen.

Nach Wunsch Reis od. Nudeln hineinkochen.

Kümmelsuppe

Zubereitungszeit: ca. 15 Minuten

Zutaten: 1 Eßlöffel Öl od. Margarine, 2 Eßlöffel Mehl, 1 Prise gemahlener Kümmel, Salz, 1 Mokkalöffel Rosenpaprika, 1-2 Tropfen Essig.

Öl od. Margarine erwärmen, Mehl hineingeben und eine dünne Mehlschwitze herstellen. Gemahlenen Kümmel und Rosenpaprika dazugeben. Dann das Ganze mit 0,6 l Wasser auffüllen und mit Salz und ein paar Tropfen Essig abschmecken.

Mit gerösteten Semmelwürfeln oder Backerbsen servieren.

Bruchteigsuppe

Zubereitungszeit: ca. 25 Minuten

Zutaten: 2 kleine(re) Kartoffeln, 1 kleine(re) Zwiebel, 1 kleiner Sellerie oder dessen Blätter, 1 Mokkalöffel gemahlene süßerPaprika, 1 Eßlöffel Öl, 100 g in kleine Würfel geschnittener Fleischspeck, Salz.

Den gewürfelten Speck in Öl braten, bis er eine rosa Farbe hat. Den Speck herausnehmen und die Zwiebelscheiben und den dünnen Eierteig rösten, bis es eine dunkle Farbe hat. Paprikapulver dazugeben und mit 0,3 l Salzwasser aufgießen. Die kleingewürfelten Kartoffeln, Sellerie od. Sellerieblätter, die vorher ausgelassenen Speckwürfel dazugeben und in die Brühe einkochen. Mit Salz abschmecken.

Grüne-Bohnen-Suppe

Zubereitungszeit: ca. 25-30 Minuten

Zutaten: 300 g grüne Bohnen, 1 Prise kleingehackte Petersilie, 2 Eßlöffel Mehl, 1½ Eßlöffel Öl od. Margarine, 4 Eßlöffel Sauerrahm, 2 Zehen Knoblauch, Salz, ½ l Wasser.

300 g grüne Bohnen waschen, in Stücke schneiden und in Salzwasser mit Knoblauch gar kochen. Die gar gekochten Bohnen mit einer dünnen Mehlschwitze verrühren und noch mal aufkochen. Vor dem Servieren mit Sauerrahm und Petersilie abschmecken.

Ohne Knoblauch kann man auch in Ringe geschnittene Wienerle od. Fleischwurst dazugeben.

Kartoffelsuppe

Zubereitungszeit: ca. 20 Minuten

Zutaten: 3 mittelgroße Kartoffeln, eine kleine Zwiebel, 4-5 ganze Sellerieblätter, 1 Lorbeerblatt, 1½ Eßlöffel Öl od. Margarine, 1½ Eßlöffel Mehl, Salz, 1 Mokkalöffel Rosenpaprika.

In Würfel geschnittene Kartoffeln in Salzwasser mit einer kleinen Zwiebel, Lorbeerblatt, Sellerieblättern weich kochen.
Eine dünne Mehlschwitze (eventuell mit Paprika) mit dem Kartoffelwasser auffüllen und mit den Kartoffeln verrühren.
In die Suppe vor dem Servieren 2-3 Eßlöffel Sauerrahm geben.

Reissuppe

Zubereitungszeit: ca. 25 Minuten

Zutaten: 1-2 Eßlöffel Reis, 1-2 Kartoffeln, 1-2 Stengel Petersilie, 1 Messerspitze gemahlener Pfeffer, 2 Zehen Knoblauch, 1 Messerspitze Paprika, Salz.

In Würfel geschnittene Kartoffeln, Reis, Petersilie, Pfeffer in Salzwasser weich kochen. Daneben eine dünne Mehlschwitze mit ein wenig Paprika und klein gehacktem Knoblauch machen (auch ohne Knoblauch). Dann die Mehlschwitze mit der Suppe verrühren und noch mal aufkochen lassen.

Blumenkohlsuppe

Zubereitungszeit: ca. 25 Minuten

Zutaten: 500 bis 750 g Blumenkohl, 2 Stengel Sellerieblätter, eine kleine Zwiebel, 250 g Sauerrahm, 1½ Eßlöffel Mehl, 1 Eßlöffel Margarine, Salz, 1 Mokkalöffel klein gehacktes Suppengemüse.

In Rosen geschnittenen Blumenkohl, 1 (ganze) kleine Zwiebel, Sellerieblätter, klein gehacktes Suppengrün in Salzwasser weich kochen. Daneben eine dünne rosa Mehlschwitze machen und mit Sauerrahm verrühren. Dann mit der Suppe auffüllen und noch mal verrühren. Beifügen: Nockerln oder Suppenteig.

Pilzsuppe *(einfach)*

Zubereitungszeit: ca. 20 Minuten

Zutaten: 250 g Pilze, 1 Eßlöffel Margarine, 1 Handvoll gehackte Petersilie, 1 Mokkalöffel süße Paprika, 1 Eßlöffel Mehl, 1 kleine Zwiebel, Salz, 1 Prise Pfeffer nach Geschmack.

Gereinigte Pilze in Scheiben schneiden, salzen und in 1 Eßlöffel Margarine mit ein wenig feingeschnittener Zwiebel weich dünsten, dann eine Handvoll Petersilie und süßen Paprika dazugeben und 1 Min. dünsten. 1 Eßlöffel Mehl hinzugeben und das Ganze mit ½ l Wasser auffüllen. Ca. 5 Min. kochen lassen. Geschmacksmäßig vor dem Servieren mit 1 Eßlöffel Sauerrahm abschmecken.

Pilzsuppe mit Reis

Zubereitungszeit: ca. 25-30 Minuten

Zutaten: 3 Eßlöffel Reis, 250 g Pilze, 200 g gerieberes(???) gemischtes Gemüse, 1 Prise Knoblauchpulver (auch ohne), 2
Eßlöffel Sauerrahm, 1 Eßlöffel Mehl, 1 Messerspitze Salz, 1 Ei.

250 g gereinigte Pilze in Scheiben schneiden und mit dem ge-
rieberen gemischten Gemüse und 3 Eßlöffeln Reis in Salzwasser weich kochen. 2 Eßlöffel Sauerrahm mit 1 Eßlöffel Mehl
verrühren und zu der Suppe geben. Noch mal aufkochen. Anschließend ein Ei verrühren und dazugeben. Zum Abschmekken mit Knoblauchpulver bestreuen. Servieren.

Pilzsuppe mit Sauerkraut

Zubereitungszeit: ca. 30 Minuten

Zutaten: 150 g Sauerkraut, 250 g Pilze, 1 Eßlöffel Öl od. Margarine, 2-3 Eßlöffel Tomatensaft, 1½ Eßlöffel Mehl, 1 kleine Zwiebel, 1 Eßlöffel Paprikapulver, Salz.

Den Saft des Sauerkrautes absieben und das Sauerkraut in 1 Eßlöffel Öl od. Margarine weich dünsten. Dazwischen die Pilze in 1 Eßlöffel Öl od. Margarine mit ein wenig feingeschnittener Zwiebel weich dünsten und dann mit Paprikapulver und Salz bestreuen. Dann weichgekochtes Sauerkraut und 2-3 Eßlöffel Tomatensaft dazugeben und das alles mit einem Eßlöffel Mehl durchrühren und mit etwa ½ Liter Wasser verrühren und noch mal aufkochen.

Pilzsuppe mit Fisch

Zubereitungszeit: ca. 30 Minuten

Zutaten: 250 g Weißfisch, 250 g Pilze, 1 kleine Zwiebel, 2 Eß-löffel süßes od. scharfes Paprikapulver, Eßlöffel Tomatensaft, Salz.

250 g Pilze in Scheiben schneiden, salzen und mit ein wenig feingeschnittener Zwiebel weich dünsten. 250 g weich gekoch-ten Weißfisch durchpassieren und dazugeben. Das alles mit 2 Eßlöffeln Paprika und 2 Eßlöffeln Tomatensaft abschmecken und mit etwa ½ Liter Wasser noch mal aufkochen lassen.

Pilzsuppe mit Kartoffeln

Zubereitungszeit: ca. 20-25 Minuten

Zutaten: 250 g Kartoffeln, 250 g Pilze, 250 g „Zwiebeln", 2 Eßlöffel Öl od. Margarine, 2 Eßlöffel Mehl, Salz, 1 Lorbeerblatt, ein paar Tropfen Zitronensaft, 1 Zehe Knoblauch (auch ohne).

250 g Kartoffeln in kleine Würfel schneiden und mit 200 g gemischtem Gemüse zusammen kochen. 250 g in Scheiben geschnittene Pilze und die feingeschnittene „Zwiebel" in 2 Eßlöffeln Öl od. Margarine weich dünsten. Nachdem alles gar ist, die Kartoffeln reinpassieren, mit Wasser verdünnen und das Gemüse dazugeben. Dann eine dünne Mehlschwitze machen und das alles noch mal zusammen aufkochen lassen. Vor dem Servieren Zitronensaft und Knoblauch nach Geschmack dazugeben.

Festliche Suppen

Einfache Fischsuppe à la Bihary

Zubereitungszeit: ca. 45 Minuten

Zutaten: 1,5 kg Karpfen, nur den Kopf und die grätigen Teile nehmen, den übriggebliebenen Mittelteil an der Gräte entlang schneiden für panierten Fisch.
2 mittelgroße grüne Paprika, 2 kleinere Tomaten, 2 kleinere Zwiebeln, 1 gehäuften Eßlöffel Rosenpaprika, 1 Eßlöffel Öl od. Fett, Salz, 2-3 mittelgroße Mohrrüben und 2-3 Petersilienwurzeln, wenn möglich gemischte Innereien dazugeben (Roggen, Milch).

Die in Würfel geschnittene Zwiebel und die in Scheiben geschnittene Paprika in Öl od. Fett dünsten. Dann die in Scheiben geschnittenen Tomaten und in Würfel geschnittenen Karotten und Petersilienwurzeln dazugeben. Das Ganze weiter im zugedeckten Topf noch ein paar Minuten dünsten, Paprikapulver dazugeben und mit ca. 1,5 Litern Wasser auffüllen. Wenn das Wasser kocht, die Fischstücke und die Innereien dazugeben. Ca. 20 Minuten langsam kochen. Mit Fadennudeln servieren.

35

Gulaschsuppe

Zubereitungszeit: ca. 1 Stunde 30 Minuten

Zutaten: 500 g gemischtes Gulasch, 1 mittlere Zwiebel, 1 kleinere grüne Paprika, 1 Tomate, 1 Prise Pfeffer, 1 Prise gemahlener Kümmel, 1 Eßlöffel Rosenpaprika, 3 kleinere Kartoffeln, 2 Karotten, 2 Petersilienwurzeln, 1 kleinerer Sellerie, 1 Eßlöffel Öl od. Fett, Salz.

Die feingeschnittenen Zwiebeln und die in Scheiben geschnittene Paprika in Öl od. Fett rosafarben dünsten, dann das Fleisch dazugeben und noch eine Weile zusammen dünsten. Das Fleisch etwas anbraten und die Tomaten hineinschneiden. Den Topf zudecken und noch ein wenig dünsten lassen, dazwischen umrühren. Wenn der eigene Saft verkocht ist, Paprikapulver, 1 Prise Pfeffer, 1 Prise Kümmel dazugeben, umrühren und mit Salzwasser auffüllen (ca. 1,5 Liter).
Dann in kleine Würfel geschnittene Kartoffeln, den Sellerie, die in Scheiben geschnittenen Karotten und Petersilienwurzeln hineingeben, umrühren und langsam weich kochen.

Einlage: 1 Ei aufschlagen und mit Mehl verrühren, den so entstandenen weichen Nudelteig als kleine abgerissene Stücke in die Suppe einkochen.

Fleischsuppe

Zubereitungszeit: ca. 2 Stunden

Zutaten: 500 g Suppenfleisch vom Rind, 3-4 Karotten, 3-4 Petersilienwurzeln, ½ Kohlrabi, ¼ Sellerie, eine Handvoll Sellerie- und Petersiliengrün, 1 kleine Tomate, 1 grüne Paprika, 1 ganz kleine Zwiebel, Salz.

Das gewaschene Rindfleisch salzen, 1½ Stunden langsam kochen lassen und mit einem Löffel den Schaum abnehmen. Dann das Gemüse dazugeben und 1½ Stunden weiter kochen lassen. Wenn alles gar ist, absieben, alles einzeln servieren, so kann sich jeder nehmen, soviel er will.

Bohnensuppe mit geräucherter Klaue

Zubereitungszeit: ca. 2 Stunden

Zutaten: 200 g getrocknete Bohnen, 3 Eßlöffel Öl od. Margarine, 4 Eßlöffel Mehl, 2-3 Karotten, ¼ Sellerie, 2 Petersilienwurzeln, 2 Zehen Knoblauch nach Geschmack, 250-300 g geräucherte Klaue od. Rippe, Salz und 2 Eßlöffel Rosenpaprika.

Die getrockneten Bohnen mit der geräucherten Klaue in 1½ Liter Wasser kochen, noch ohne Salz. Wenn die Bohnen halb gar sind, das in Würfel geschnittene Gemüse dazugeben und jetzt salzen. In 3 Eßlöffeln Öl od. Margarine eine helle Mehlschwitze mit Knoblauch machen und das Paprikapulver dazugeben. Das alles noch mal aufkochen und den Nudelteig reinreiben. Das alles noch mal aufkochen, bis die Nudeln gar sind. Mit Sauerrahm kann es serviert werden.

Ragoutsuppe

Zubereitungszeit: ca. 1 Stunde

Zutaten: 500 g Hühnerklein, 200 g gemischtes Gemüse, 1 halbes Eigelb, 1 Eßlöffel Mehl, 100 g Hühner- od. Rind- od. Schweineleber, Salz.

500 g Hühnerklein mit gehacktem Gemüse in 1,5 Liter gesalzenem Wasser gar kochen. Die Suppe sieben, das Fleisch vom Knochen lösen und in Stücke schneiden.
Die rohe Leber durchdrehen, ein halbes Eigelb und etwa einen Eßlöffel Mehl dazugeben, so bekommt man einen weichen Teig. Die Spätzle aus diesem Teig in die kochende Suppe geben. Danach in Würfel geschnittenes Fleisch und das gehackte Gemüse dazugeben.

Hühnerkleinsuppe mit feinen Erbsen

Zubereitungszeit: 35 Minuten

Zutaten: 500 g Hühnerfleisch, 200 g frische od. tiefgefrorene Erbsen, 1 kleine Zwiebel, 2 Möhren, ½ Handvoll feingeschnittene Petersilie, 1 Eßlöffel Öl od. Margarine, 1 Ei und das dazu passende Mehl für Nudelteig, 0,2 l Sauerrahm, 1 Messerspitze Pfeffer, Salz.

Die feingeschnittene Zwiebel mit Erbsen und Karotten in etwa 1 Eßlöffel Öl od. Margarine dünsten und mit 1,5 Liter Salzwasser auffüllen. 500 g Hühnerfleisch und ½ Handvoll feingeschnittene Petersilie dazugeben und gar kochen. Zum Schluß den Nudelteig in die Suppe reiben, kochen lassen und mit Sauerrahm und Pfeffer abschmecken.

Soljanka ungarische Art

Zubereitungszeit: ca. 1 Stunde 30 Minuten

Zutaten: 300 g Weißkraut, 2 Paar Wienerle, 150 g geräucherter Hals, 100 g geräucherter Speck, 1 mittelgroße Zwiebel, 1 Zehe Knoblauch, 2 Eßlöffel Mehl, 1 Prise Pfeffer, Salz, Sellerie- und Petersiliengrün, ca. ½ Handvoll, 0,1 Liter Sauerrahm.

100 g in Würfel geschnittenen Speck glasig dünsten, dann mit feingeschnittener Zwiebel rosa rösten. Geriebene Knoblauchzehe und Mehl dazugeben und mit 1,5 Liter Wasser auffüllen. Pfeffern nach Geschmack und die ½ Handvoll Sellerie und Petersilie, ein paar Tropfen Essig dazugeben. 300 g streifig geschnittenes Kraut, den geräucherten Hals, in Ringe geschnittene 2 Paar Wienerle dazugeben und ca. 35-40 Min. kochen lassen.
Die Suppe kann mit ca. pro Person 1 Eßlöffel Sauerrahm serviert werden.

Entensuppe, Gänsesuppe

Zubereitungszeit: ca. 1 Stunde 30 Minuten

Zutaten: Gänse- od. Entenklein (Hals, Flügel, Innereien, Knochen), 3-4 Karotten, 3-4 Petersilienwurzeln, ½ Kohlrabi, ¼ Sellerie, eine Handvoll Petersilien- und Selleriegrün, eine kleine Tomate, 1 kleine grüne Paprika, 1 ganz kleine Zwiebel, Salz.

Das gewaschene Gänse- od. Entenklein mit dem gemischten Gemüse 1,5 Stunden langsam kochen, bis alles gar ist. Dann die Suppe absieben. In der durchgesiebten Suppe die Fadennudeln od. Grießklößchen kochen und mit dem Fleisch und mit dem Gemüse (Suppengrün) servieren.

Tschardaschsuppe

Zubereitungszeit: ca. 2 Stunde 30 Minuten

Zutaten: 150 g Rindergulasch, 150 g Lammgulasch (od. Schweinegulasch), 150 g Suppenhuhn, 3 mittelgroße Kartoffeln, 1 halber Kopf Weißkraut, 10 g Rosenpaprika, 1 kleine grüne Paprika, 100 g Bruchteig, 200 g gemischtes Gemüse, Salz.

150 g Rindergulasch, 150 g Lammgulasch, 150 g Suppenhuhn in kleine Würfel schneiden, dann in 1 Liter Salzwasser mit der in Ringe geschnittenen grünen Paprika, dem gemischten Gemüse, Pfeffer und Rosenpaprika gar kochen.
Wenn das Fleisch gar ist, in Würfel geschnittene Kartoffeln dazugeben und in Streifen geschnittenes Weißkraut hereingeben.
Wenn alles gar ist, 200 g Bruchteig reinkochen, mit Salz abschmecken.

Festliche Braten

Pariser Schnitzel

Zubereitungszeit: ca. 20 Minuten

Zutaten: 200-300 g Kalbschnitzel od. Schweineschnitzel, nötige Menge Ei, Mehl, Salz, viel Öl od. Fett.

Das Fleisch ausklopfen, waschen und salzen. Dann in Mehl wenden. Daneben weichen Nudelteig machen aus Ei und Mehl. In diesem Teig das Fleisch wenden und in viel Öl od. Fett goldbraun braten. Kann mit Pommes Frites od. Reis od. Petersilienkartoffeln serviert werden.

Gurkensalat od. Kopfsalat dazugeben.

Naturschnitzel

Zubereitungszeit: ca. 20 Minuten

Zutaten: 200-300 g Kalbs- od. Schweineschnitzel, 1 Eßlöffel Öl od. Margarine, Salz, etwas Mehl.

Dünn geschnittene Kalbs- od. Schweineschnitzel klopfen, salzen, in Mehl wenden und in heißem Öl od. Margarine goldbraun braten.

Mit einem Stückchen Butter garniert servieren, dazu Bratkartoffeln od. Petersilienkartoffeln od. Gemüse auf englische Art zubereitet reichen.

Flecken

Zubereitungszeit: ca. 20 Minuten

Zubereitung wie Naturschnitzel, jedoch vor dem Servieren mit Paprikapulver, gemahlenem Pfeffer und feingeschnittenem Knoblauch bzw. Knoblauchpulver würzen.
Mit Pommes Frites oder Reis servieren.

Panierter Fisch

Zubereitungszeit: ca. 30 Minuten

Pro Person 250 g Karpfen od. Hecht od. Weißfisch od. Wels.

Den Fisch in 1 cm dicke Scheiben schneiden, entlang den Gräten, waschen und salzen. Dann in Mehl wenden, in aufgeschlagenem Ei und in Paniermehl wenden. In viel heißem Fett od. Öl ca. 5-10 Min. goldbraun braten.

Mit Kartoffelpüree, Kopfsalat und Zitronenscheiben anrichten.

Gefülltes Hähnchen

Zubereitungszeit: ca. 1 Stunde

Zutaten: 1 Brathähnchen, 2 in Milch eingeweichte und passierte Brötchen, 1 Ei, 1 Prise Pfeffer, 1 Messerspitze Paprikapulver, 1 feingeschnittene kleine Zwiebel, gehackte Petersilie, 50 g Speck, kleingeschnittene Innereien (Magen, Herz, Leber).

Füllung: 50 g Speck in kleine Würfel schneiden und auslassen. In Würfel geschnittene Zwiebel und gehackte Petersilie darin rösten, etwas Pfeffer und Paprikapulver dazugeben. Die kleingeschnittenen Innereien ebenfalls anrösten und mit den in Milch eingeweichten Brötchen vermengen. Alles zusammen einige Minuten dünsten. Wenn die Füllung ausgekühlt ist, das Ganze passieren, 1 Ei und 50 g feingeschnittene gedünstete Pilze dazugeben, salzen, gut vermischen und damit das Hähnchen füllen. Hellbraun braten. Mit eigenem Saft mehrmals begießen.

Paniertes Hähnchen

Zubereitungszeit: ca. 30 Minuten

Zutaten: pro Person ein viertel Hähnchen, pro Viertel 1 Ei, Mehl, Paniermehl, Salz, viel Öl od. Fett.

Das Hähnchen waschen und salzen. Dann in Mehl, aufgeschlagenem Ei und in Paniermehl wenden. In viel heißem Fett od. Öl hellbraun braten.

Das panierte Hähnchen kann mit Petersilienkartoffeln und Kopfsalat serviert werden.

Andere Fleischgerichte

Gefülltes Fleisch

Zubereitungszeit: ca. 1 Stunde

Zutaten: 1 kg Schweinebauch od. Schweineschulter od. Kalbs-brust, 100 g Pilze, 3 Brötchen, 3 Eier, 100 g Öl od. Margarine, zwei Handvoll feingeschnittene Petersilie, ½ Mokkalöffel ge-mahlener Pfeffer, Salz, 1 mittlere Zwiebel.

Das Fleisch waschen und eine Tasche ins Fleisch schneiden. Füllung: feingeschnittene Zwiebel in Öl od. Margarine rösten, dann die feingeschnittene Petersilie, kleingeschnittene Pilze dazugeben und mit ½ Mokkalöffel Pfeffer, Salz würzen und mit den drei Eiern und den in Milch eingeweichten Brötchen vermengen und unterrühren. Damit das Fleisch füllen und hellbraun braten.

Mit Reis od. Bratkartoffeln servieren.

Gefülltes Kalbs- od. Schweineschnitzel mit Ei

Zubereitungszeit: ca. 45 Minuten

Zutaten: 2-3 Scheiben Schweine- od. Kalbsschnitzel, pro Fleischscheibe 1 Ei, Salz, Pfeffer, Senf, 2 Eßlöffel Margarine.

Das Fleisch klopfen, salzen, mit 1 Messerspitze Pfeffer bestreuen, mit Senf bestreichen und 1 hartgekochtes Ei einrollen, mit einem weißen Faden zusammenbinden. Die anderen Fleischscheiben genauso behandeln. Diese Fleischrouladen in einen feuerfesten Topf geben und zugedeckt ca. 15-20 Min. kochen lassen.

Mit Kartoffelpüree servieren. Kopfsalat ist gut dazu.

Dieses Gericht kann auch vom Schweinehals gemacht werden, dann ist das Fleisch saftiger und beim Kochen wird nicht so viel Margarine benötigt.

Naturschnitzel mit Pilzen

Zubereitungszeit: ca. 25 Minuten

Zutaten: 200-300 g Kalb- od. Schweineschnitzel, 1 Eßlöffel Öl od. Margarine, 1 mittlere Zwiebel, 250 g Pilze, 1 Eßlöffel Paprikapulver, 1 Messerspitze Pfeffer, etwa 5 Eßlöffel Sauerrahm, Salz.

250 g gereinigte, in Scheiben geschnittene Pilze mit einer feingeschnittenen Zwiebel in einem Eßlöffel Öl od. Margarine dünsten. Dann mit einem Eßlöffel Paprikapulver und 1 Messerspitze Pfeffer bestreuen und noch ca. 5 Min. dünsten. Dann mit 0,1 Liter Salzwasser und 5 Eßlöffeln Sauerrahm verrühren, ganz kurz aufkochen und damit die fertigen Naturschnitzel begießen und mit Reis servieren.

Gespickte Schweineschulter

Zubereitungszeit: ca. 1 Stunde 15 Minuten

Zutaten: 1 kg Schweineschulter od. Schweinehals, 100 g Räucherspeck, 4 Zehen Knoblauch, Salz, 1 Messerspitze Pfeffer, Majoran.

Das Fleisch waschen und salzen, mit Räucherspeck und Knoblauchstücken spicken, mit Pfeffer würzen.
Das Fleisch mit ca. 3 Eßlöffeln Öl od. Fett anbraten und mit 100 ml Wasser auffüllen. Ca. 1 Stunde in der Bratröhre gar braten.

Es kann mit Kartoffelpüree, Reis od. Pommes frites serviert werden.

Gefülltes Schweinekotelett mit Dauerwurst

Zubereitungszeit: ca. 1 Stunde

Zutaten: 1 kg Schweinekotelett, 200 g Dauerwurst, 100 g Fett od. Margarine, 1 Eßlöffel Mehl, 2 Eßlöffel Tomatenmark, 2 Eßlöffel Essig, Salz.

Das Fleisch von den Knochen lösen, eine Tasche in das Fleisch schneiden und mit der Dauerwurst füllen. Dann das Fleisch salzen und mit Essig bestreichen, ca. 35 Min. goldbraun braten. Wenn das Fleisch gar ist, herausnehmen, mit dem übriggebliebenen Saft eine helle Mehlschwitze machen und 2 Eßlöffel Tomatenmark dazugeben, dann mit 0,1 l Wasser auffüllen und noch mal aufkochen.

Den Saft über das Fleisch geben und mit Salzkartoffeln und Kopfsalat servieren.

Gefüllter Hackbraten

Zubereitungszeit: ca. 1 Stunde

Zutaten: 500 g gemischtes Hackfleisch, 3 Brötchen, 1 mittelgroße Zwiebel, 1 Zehe Knoblauch (auch ohne), 1 Ei, 1 Messerspitze Pfeffer, Salz, 4 hartgekochte Eier.

In Milch eingeweichte und dann passierte Brötchen zum Hackfleisch geben, salzen, pfeffern und feingeschnittene Zwiebel dazugeben und gut vermischen. Diese Masse in eine längliche, vorher mit etwas kaltem Fett ausgestrichene Pfanne geben. In die Mitte der Länge nach die hartgekochten Eier legen, mit etwas Fleischmasse bedecken, mit etwas kaltem Fett bestreichen und bei schwacher Hitze braten und mit Fett übergießen, bis alles durchgebraten ist.

Der Hackbraten kann kalt serviert werden, dann aber aus dem Saft herausnehmen und abtropfen lassen.

Rindergulasch in Rotwein

Zubereitungszeit: ca. 1 Stunde 30 Minuten

Zutaten: 500 g Rindergulasch, 100 g Räucherspeck, 1 Zwiebel, 2 Eßlöffel Rosenpaprika, 1 kleine Tomate, 1 Scheibe grüne Paprika, 1 Messerspitze Pfeffer, 1 Zehe Knoblauch, 0,2 Liter Rotwein, Salz.

Kleingeschnittenen Räucherspeck rösten und mit der kleingeschnittenen Zwiebel, Tomate, grüner Paprika und dem Knoblauch dünsten.
Danach das in Würfel geschnittene Rindfleisch dazugeben, mit Rosenpaprika, Pfeffer und Salz würzen und mit 0,2 l Rotwein auffüllen. Dünsten, bis das Fleisch gar ist, evtl. noch etwas Wasser dazugeben und kurz aufkochen. Mit Makkaroni od. Spaghetti od. Spätzle servieren.

Statt Rindfleisch kann auch Schweine- oder Hähnchenfleisch genommen werden.

Paprikahähnchen

Zubereitungszeit: ca. 35 Minuten

Zutaten: 1 Brathähnchen (in Stücke zerlegt), 2 Eßlöffel Öl od. Margarine, 1 mittelgroße Zwiebel, 2 Eßlöffel Rosenpaprika, Salz, 0,2 l Sauerrahm.

Feingeschnittene Zwiebel in Öl od. Margarine glasig dünsten, 2 Eßlöffel Rosenpaprika darüber streuen, mit Salzwasser auffüllen, bis das Hähnchen bedeckt ist, und gar kochen. Vor dem Servieren mit dem Sauerrahm abschmecken und mit handgemachten Nockerln od. Spätzle servieren.

Als Beilage kann Gurken- od. Kopfsalat gereicht werden.

Gespickte Pute

Zubereitungszeit: ca. 2 Stunden 15 Minuten

Zutaten: 1 mittelgroße Pute, 100 g Räucherspeck, 2 Eßlöffel Öl od. Fett, Majoran, 1 Messerspitze Pfeffer, Thymian, Salz.

Die Pute waschen, innen und außen salzen, mit in Streifen geschnittenem Räucherspeck spicken, dann mit Pfeffer, Majoran, Thymian innen würzen. In eine Bratpfanne legen und etwa 0,1 Liter Wasser aufgießen.
Bei etwa 200 °C 45-50 Minuten braten.
Mit dem eigenen Saft mehrmals begießen, bis die Pute knusprig ist.

Zu der Pute passen Pflaumen in Essig, Reis und gemischter Salat.

Der Raize Karpfen

Zubereitungszeit: ca. 1 Stunde 30 Minuten

Zutaten: 1 mittelgroßer Karpfen, 500 g Kartoffeln, 0,2 l saure Sahne, 1 mittelgroße Zwiebel, 100 g Räucherspeck, 1 mittelgroße grüne Paprika, 1 Messerspitze gemahlener Pfeffer, 1 Mokkalöffel Rosenpaprika, 2 Tomaten, etwas Öl od. Margarine, Salz.

Den Karpfen reinigen, der Länge nach aufschneiden, salzen und seitlich einschneiden. In die Kerbe einen Streifen Räucherspeck und Zwiebelringe legen und mit Rosenpaprika und gemahlenem Pfeffer bestreuen. Ein Kuchenblech od. einen feuerfesten Topf mit Öl od. Margarine ausfetten. Die gesalzenen, in Scheiben geschnittenen Kartoffeln darauf geben und halb gar braten. Dann den Fisch auf die Kartoffeln legen und darauf die in Scheiben geschnittene grüne Paprika und Tomatenscheiben. Dann das Ganze in die Röhre schieben und hellbraun braten. Wenn alles gar ist, mehrmals mit dem eigenen Saft und etwas Sauerrahm begießen und kurz (ca. 10 Min.) in die Röhre schieben.

Dazu können Reis od. Salzkartoffeln gereicht werden.

Schweineschnitzel mit feinen Erbsen

Zubereitungszeit: ca. 40 Minuten

Zutaten: 800 g Schweineschnitzel, 50 g Butter, 3 Eßlöffel Öl od. Fett, 500 g feine Erbsen, 2 Eßlöffel Mehl, 1 Handvoll feingeschnittene Petersilie, 2 Mokkalöffel Zucker, Salz.

Das Fleisch klopfen, salzen und so wie Naturschnitzel braten. Diesen Saft mit 0,1 Liter Wasser auffüllen und das Fleisch weiter dünsten. Daneben 500 g Erbsen mit 1 Handvoll Petersilie in 50 g Butter dünsten, mit 2 Eßlöffeln Mehl und Zucker bestreuen, dann alles zu dem Fleisch geben und noch mal kurz zusammen kochen lassen.

Kann mit Reis od. Pommes frites serviert werden.

Zitronenschnitzel

Zubereitungszeit: ca. 40 Minuten

Zutaten: 2-3 Scheiben Schweineschnitzel, nötiges Mehl, 2 Eß-löffel Öl od. Margarine, ein paar Tropfen Zitrone, Salz.

Schweineschnitzel gut klopfen, salzen, in Mehl wenden und in heißem Öl od. Margarine gar braten. Dann mit 0,1 Liter Wasser auffüllen und noch 5 Min. langsam weiterdünsten.

Vor dem Servieren ein paar Tropfen Zitrone darüber geben und mit Risibisi od. Pommes frites servieren.

Räuberbraten

Zubereitungszeit: ca. 45 Minuten

Zutaten: 300 g Rinderfilet, 300 g Kalbsnierenbraten od. Schweinefilet, 100 g Räucherspeck, 1 Messerspitze Pfeffer, Salz, 2 mittelgroße Zwiebeln, 0,1 Liter Öl, Senf.

Das Fleisch in kleine Stücke schneiden, salzen und leicht klopfen, pfeffern, mit Senf bestreichen und in Mehl wenden, dann hellbraun braten. In Würfel geschnittenen Räucherspeck ausrösten. In Ringe geschnittene und gesalzene Zwiebel in Mehl wenden und in das abgesiebte Räucherfett geben, dann goldbraun und knusprig braten. Das Fleisch auf die Platte legen und mit den knusprigen Zwiebeln servieren.

Bratkartoffeln passen gut dazu.

Schweineschnitzel mit Blumenkohl

Zubereitungszeit: ca. 1 Stunde

Zutaten: 2-3 Schweineschnitzel, 500-600 g Blumenkohl, 2 Eier, 4 Eßlöffel Mehl, 3 Eßlöffel Margarine od. Öl, 0,1 Liter Milch, 100 g geriebener Edamer od. Emmentaler, Salz.

Das Fleisch klopfen, waschen, salzen und hellbraun braten.
Den Blumenkohl in Salzwasser halb gar kochen.
Eierkuchenteig: 2 Eier aufschlagen und mit 4 Eßlöffeln Mehl verrühren. Wenn der Teig nicht genügend fest ist, noch etwas Mehl dazugeben, dann mit 0,1 Liter Milch auffüllen und ohne Klümpchen einrühren.
Das Fleisch in einen ausgefetteten Topf geben, den Blumenkohl darauf verteilen und das Ganze mit Eierkuchenteig übergießen und mit Käse bestreuen.
In der vorgeheizten Bratröhre 15-20 Minuten hellbraun backen.

Mit Reis und Kopfsalat servieren.

Reishähnchen

Zubereitungszeit: ca. 45 Minuten

Zutaten: 1 Brathähnchen, 150-200 g Reis, 100 g Räucherspeck, 100-150 g Pilze, ½ mittelgroßer Sellerie, 0,1 Liter
Weißwein, 1 Knoblauch, ½ Handvoll Petersilie, 1 Messerspitze Majoran, 100 g geriebener Edamer od. Emmentaler, 1 Eßlöffel Margarine, Salz.

Das gereinigte, tranchierte, gesalzene Hähnchen in Margarine
weich dünsten, dann den Reis dazugeben und gar kochen.
Derweil den in Streifen geschnittenen Räucherspeck, die in
Scheiben geschnittenen Pilze und den in Streifen geschnittenen Sellerie in einem anderen Topf anbraten.
Zu dem Fleisch und dem Reis geben und mit Weißwein, Petersilie, Majoran, geriebenem Knoblauch und Salz abschmecken
und ca. 10 Min. langsam kochen lassen. Vor dem Servieren
mit dem geriebenen Käse bestreuen.

Reisente

Zubereitungszeit: ca. 1 Stunde

Zutaten: 1 Entenbrust od. Entenklein, 200 g gemischtes Gemüse, 300 g Reis, 40 g Sellerie, 80 g Champignons, 1 mittelgroße Zwiebel, 1 Messerspitze Pfeffer, 1 Handvoll Petersilie, Salz, 80 g Fett (Ente od. Schwein).

Das in Würfel geschnittene Fleisch in ca. 1 Liter Salzwasser kochen lassen. Wenn das Fleisch halb gar ist, das in Streifen geschnittene gemischte Gemüse dazugeben. Die feingeschnittene Zwiebel in Fett glasig werden lassen, die in Scheiben geschnittenen Champignons, die feingeschnittene Petersilie und den Reis dazugeben, mit Fleischbrühe auffüllen und gar kochen lassen. Dann das Fleisch und das Gemüse dazugeben und mit Pfeffer bestreuen.

Zum Servieren geben wir geriebenen Edamer od. Emmentaler darauf.

Gefüllte Sauerkrautblätter

Zubereitungszeit: ca. 1 Stunde 15 Minuten

Zutaten: 5-8 Sauerkrautblätter, 200 g Sauerkraut, 500 g Rinderhackfleisch, 100 g geräuchertes Rippchen, 1 Handvoll Reis, 1 große Zwiebel, 2 Eßlöffel Rosenpaprika, 1 Messerspitze Pfeffer, etwa 8-10 Kümmelkerne, 1 Eßlöffel Öl od. Fett, Salz, 1 Ei, 4 Zehen kleingeschnittener Knoblauch.

In Würfel geschnittenen Räucherspeck mit der feingeschnittenen Zwiebel rösten. Die Hälfte davon für die Füllung aufheben.
Die andere Hälfte zusammen mit dem Sauerkraut und dem Rosenpaprika bei kleiner Hitze etwa 10 Min. kochen.
Füllung: Das Rinderhackfleisch mit dem Reis, der restlichen Räucherspeck-Zwiebelmasse, dem kleingeschnittenen Knoblauch und der Messerspitze Pfeffer vermengen.
Die Sauerkrautblätter einzeln auseinanderbreiten, die Masse darin einwickeln und mit einem Faden umwickeln. Die Krautrouladen auf das kochende Sauerkraut legen und ca. 40 Min. kochen. Vor dem Servieren mit Sauerrahm abschmekken.

Gefüllte Paprika

Zubereitungszeit: ca. 45 Minuten

Zutaten: pro Person eine Paprika gelb od. grün, für 3-4 Paprika 350 g gemischtes Hackfleisch, 1 Handvoll Reis, 1 kleine Zwiebel, 1 Messerspitze Pfeffer, 1 Messerspitze Knoblauchpulver (auch ohne), 1 Ei, 1 kleines Tomatenmark, 2 Eßlöffel Mehl, 2 Eßlöffel Margarine, ½ Handvoll kleingeschnittene Sellerieblätter.

Die Paprika waschen, Scheidewände und Kerne entfernen. Die Füllung aus 350 g Hackfleisch, 1 Handvoll Reis, 1 kleiner Zwiebel (feingeschnittener Zwiebel), 1 Messerspitze Pfeffer, 1 Messerspitze Knoblauchpulver (auch ohne), Salz zu einer Masse kneten und damit die Paprika füllen. Mit so viel Salzwasser begießen, bis alles zugedeckt ist, Tomatenmark hereingeben und umrühren. Dann gar kochen, eine helle Mehlschwitze machen, dazugeben und noch mal aufkochen lassen.

Kann mit Zucker und Sauerrahm serviert werden.

Szekelygulasch

Zubereitungszeit: ca. 1 Stunde 30 Minuten

Zutaten: 300 g gemischtes Gulasch, 350 g geräucherter Hals od. Ripple, 500 g Sauerkraut, 1 mittelgroße Zwiebel, 1 Messerspitze Kümmel, 1 Eßlöffel Paprikapulver, 0,2 l Sauerrahm, etwa 2 Eßlöffel Öl od. Margarine.

Mittelgroße, feingeschnittene Zwiebel in 2 Eßlöffeln Öl od. Margarine anrösten, in Würfel geschnittenes Gulasch und in Würfel geschnittenen geräucherten Hals dazugeben, mit 1 Eßlöffel Paprikapulver bestreuen und mit ca. 1 Liter Salzwasser auffüllen. Dann 500 g ausgewaschenes Sauerkraut dazugeben und alles gar kochen lassen. Mit Sauerrahm servieren, mit Kümmel abschmecken.

Csangogulsch: anstatt Kartoffeln Sauerkraut mit Reis

Északmagarorszagi palòcgulasch: anstatt Kartoffeln mit grünen Bohnen und saurer Sahne

Szegedinergulasch: Kartoffeln in kleine Würfel geschnitten, sowie hauch dünnes, längliches Süßkraut

Gefüllte Kohlrabi

Zubereitungszeit: ca. 1 Stunde

Zutaten: 5-6 kleine Kohlrabi, 350 g gemischtes Hackfleisch, 1 Handvoll Reis, 1 kleine Zwiebel, 1 Messerspitze Pfeffer, Salz, 1 Ei, 2 Eßlöffel Mehl, 2 Eßlöffel Margarine, 1 Messerspitze Knoblauchpulver (auch ohne), 0,2 l Sauerrahm.

Die geschälten Kohlrabi aushöhlen. 350 g Hackfleisch, 1 Handvoll Reis, 1 kleine feingeschnittene Zwiebel, 1 Messerspitze Pfeffer, Salz, 1 Ei, 1 Prise Knoblauchpulver (auch ohne) zu einer Masse kneten und damit die Kohlrabi füllen.
Dann die gefüllten Kohlrabi, die übriggebliebenen Kohlrabireste, die zu einem Kloß geformte Hackmasse in einen Topf geben, so viel Salzwasser darauf gießen, bis alles bedeckt ist. Gar kochen, eine helle Mehlschwitze machen, dazugeben und noch mal aufkochen. Mit Sauerrahm servieren.

Garnierung

Risibisi (Reis mit Erbsen)

Zubereitungszeit: ca. 15-20 Minuten

Zutaten: 250 g Reis (für 2 Personen), 1,5 Eßlöffel Margarine, 150 g Erbsen, 2 Eßlöffel feingeschnittene Petersilie, 1 Messerspitze Pfeffer, Salz.

250 g Reis in Margarine dünsten, dann 150 g Erbsen dazugeben und kurz weiterdünsten. Mit Wasser auffüllen, bis alles bedeckt ist, dann abschmecken mit Salz und einer Messerspitze Pfeffer, danach die 2 Eßlöffel Petersilie dazugeben. Den Topf zudecken und den Reis 10 Min. langsam kochen lassen. Nach 10 Min. Kochzeit den Reis noch 10 Min. im zugedeckten Topf stehen lassen. Danach servieren.

Reis mit Pilzen

Zubereitungszeit: ca. 15-20 Minuten

Zutaten: 250 g Reis (für 2 Personen), 100 g Pilze, am besten mit Steinpilzen, dann aber nur 20 g nehmen, 2 Eßlöffel Petersilie, Salz, Pfeffer, 2 Eßlöffel Margarine.

250 g Reis in Margarine dünsten, dann die 2 Eßlöffel Petersilie dazugeben, mit Wasser, bis es bedeckt ist, auffüllen. Jetzt die Pilze dazugeben, abschmecken mit Salz und einer Messerspitze Pfeffer und ca. 10 Min. langsam kochen lassen im zugedeckten Topf.
Nach 10 Min. den Reis noch 10 Min. im zugedeckten Topf stehen lassen, dann servieren.

Kartoffelpüree

Zubereitungszeit: ca. 15 Minuten

Zutaten: 500 g Kartoffeln, 2 Eßlöffel Margarine, 2 Eßlöffel Sauerrahm, Salz.

500 g Kartoffeln in Salzwasser gar kochen, abgießen, passieren. Dann 2 Eßlöffel Margarine und 2 Eßlöffel Sauerrahm dazugeben, gut verrühren.

Warm servieren.

Bratkartoffeln

Zubereitungszeit: ca. 10-20 Minuten

Zutaten: 500 g Kartoffeln, 0,25 od. 0,5 l Öl, Salz.

Die Kartoffeln schälen, dann schneiden: in dünne Scheiben, in Würfel, in fingerdicke Stäbchen od. strohhalmdünne Streifen. In so viel Öl goldbraun braten, daß die Kartoffeln bedeckt sind, gut abtropfen lassen, salzen und servieren.

Petersilienkartoffeln

Zubereitungszeit: ca. 15 Minuten

Zutaten: 500 g Kartoffeln, 2 Eßlöffel feingeschnittene Petersilie, 2 Eßlöffel Margarine, Salz.

500 g in Würfel geschnittene Kartoffeln in Salzwasser gar kochen. Dann abtropfen lassen und Petersilie dazugeben, in 2 Eßlöffeln Margarine anrösten.

Kartoffeln mit Zwiebeln

Zubereitungszeit: ca. 25 Minuten

Zutaten: 500 g Kartoffeln, 100 g Räucherspeck, 1 Mokkalöffel Rosenpaprika, 2 Eßlöffel Margarine od. Öl, Salz, eine mittelgroße Zwiebel.

500 g Kartoffeln mit der Schale gar kochen, dann schälen und in Würfel schneiden, 100 g Räucherspeck kleinschneiden, das Fett auslassen und die feingeschnittene Zwiebel goldgelb rösten, Rosenpaprika darüber streuen und ein paar Min. noch rösten.

Eiergersten mit Kartoffeln

Zubereitungszeit: ca. 30 Minuten

Zutaten: 1 kleinere Zwiebel, 3 mittelgroße Kartoffeln, 200 g Eiergersten, 1 Mokkalöffel Rosenpaprika, 2 Eßlöffel Margarine, Salz.

In Würfel geschnittene Zwiebeln mit den Eiergersten rosafarben rösten. Dann einen Mokkalöffel Rosenpaprika dazugeben und mit kaltem Wasser aufgießen, bis alles vom Wasser bedeckt ist. Die Kartoffelscheiben dazugeben, so lange kochen, bis das Wasser verkocht ist.

Wenn die Eiergersten noch nicht weich genug sind, 4 frische grüne Paprikascheiben darauf legen. Es gibt einen besseren Geschmack.

Als Hauptgericht und auch zu Fleischgerichten (Gulasch) als Beilage zu servieren.

Nockerln

Zubereitungszeit: ca. 10-15 Minuten

Das Mehl in eine tiefe Schüssel schütten. Auf je 250 g Mehl 1 Ei nehmen, ein wenig Salz und so viel Wasser dazugeben, daß der Teig mit einem Holzlöffel verarbeitet werden kann.

Den Teig rühren, bis er glatt wird und Blasen wirft. Dann den Teig durch ein Nockerlsieb oder mit einem Messer von einem kleinen Brett in das kochende Salzwasser schaben.

Wenn die Nockerln gar sind, aus dem Wasser nehmen und in heißer Butter oder Margarine schwenken.

Gemüse

Kohlgemüse

Zubereitungszeit: ca. 30-40 Minuten

Zutaten: 1 kg Rosenkohl, 3 mittelgroße Kartoffeln, 3-4 Zehen Knoblauch, 1 gehäufter Eßlöffel Mehl, 1 Mokkalöffel Rosenpaprika, 1 Messerspitze Pfeffer, 2 Eßlöffel Margarine od. Öl, Salz.

Den in Streifen geschnittenen Rosenkohl mit den gewürfelten Kartoffeln in Salzwasser gar kochen. In 1,5-2 Eßlöffeln Margarine den klein gehackten Knoblauch rösten, einen gehäuften Eßlöffel Mehl dazugeben und eine helle Mehlschwitze herstellen, einen Mokkalöffel Rosenpaprika dazugeben.
Diese Mehlschwitze auf den gar gekochten Rosenkohl geben, umrühren und noch einige Minuten kochen lassen.

Kohlrabigemüse

Zubereitungszeit: ca. 30 Minuten

Zutaten: 500 g Kohlrabi, 2 Eßlöffel Öl od. Margarine, 2 Eßlöffel Mehl, 1 Eßlöffel Zucker, 2 Eßlöffel feingeschnittene Petersilie, Salz, 0,1 l Sauerrahm.

500 g Kohlrabi schälen und in Würfel schneiden. In heißem Öl od. Margarine andünsten, salzen, ein paar Eßlöffel Wasser dazugeben, im zugedeckten Topf gar dünsten lassen. Wenn die Kohlrabi gar sind und das Wasser verkocht ist, mit Mehl und Petersilie bestreuen und leicht anrösten. Danach mit Fleischbrühe oder Wasser auffüllen, salzen und aufkochen. Beim Servieren Sauerrahm dazugeben.

Kartoffelgemüse

Zubereitungszeit: ca. 20-30 Minuten

Zutaten: 500 g Kartoffeln, 2 Eßlöffel Öl od. Margarine, 2 Eßlöffel Mehl, 2 Lorbeerblätter, 0,1 l Sauerrahm, Salz.

Die Kartoffeln schälen und in Würfel schneiden. Dann in Salzwasser mit den Lorbeerblättern zusammen kochen. Eine helle Mehlschwitze machen und zu den Kartoffeln dazugeben. Dann das Ganze noch mal aufkochen.
Vor dem Anrichten 0,1 l Sauerrahm unterziehen.

Grüne-Bohnen-Gemüse

Zubereitungszeit: ca. 25-30 Minuten

Zutaten: 500 g grüne Bohnen, 2,5 Eßlöffel Öl od. Margarine, 0,1 l Sauerrahm, Salz, 2 Eßlöffel Petersilie, 2 Zehen Knoblauch.

Grüne Bohnen putzen, in schräge Streifen schneiden und in Salzwasser gar kochen. Eine helle Mehlschwitze mit od. ohne Knoblauch bereiten, zu den grünen Bohnen dazugeben und alles noch mal aufkochen. Dann 2 Eßlöffel Petersilie darauf geben und mit Sauerrahm abschmecken.

Weißkohlgemüse mit Tomatenmark

Zubereitungszeit: ca. 45 Minuten

Zutaten: 1 kleinerer Weißkohl, 1 kleine Dose Tomatenmark, 3 gehäufte Eßlöffel Mehl, 2 Eßlöffel Zucker, 1 mittelgroße Zwiebel, 3 Eßlöffel Öl od. Margarine, Salz.

Den feingeschnittenen Weißkohl und die in Würfel geschnittene Zwiebel in Salzwasser weich kochen. Eine helle Mehlschwitze zubereiten, mit einem Glas Wasser aufgießen, dann die Tomatenkonserve dazugeben. Dieses über den Weißkohl gießen und damit noch 10 Minuten lang kochen. Mit Zucker und Salz abschmecken.

Paßt zu allem als Beilage.

Kürbisgemüse

Zubereitungszeit: ca. 30 Minuten

Zutaten: 1 kg Kürbis, 1 Bund Dill, eine kleinere Zwiebel, 0,2 l Sauerrahm, 2 Eßlöffel Mehl, 1 Mokkalöffel Rosenpaprika, Salz, 2 Eßlöffel Öl od. Margarine.

Den Kürbis hacken und leicht salzen. Die feingeschnittene Zwiebel dünsten und Rosenpaprika dazugeben. Den gehackten Kürbis ins Wasser legen und ca. 8-10 Minuten kochen lassen. Danach die gedünsteten Zwiebeln dazugeben. 0,2 l (einen Becher) Sauerrahm mit dem Mehl verrühren und zu dem Kürbis geben. Das alles noch einmal aufkochen lassen, mit feingeschnittenem Dill würzen und unter langsamem Umrühren kochen lassen.

Grüne-Erbsen-Gemüse

Zubereitungszeit: ca. 25 Minuten

Zutaten: 500 g grüne Erbsen, 3 Eßlöffel Mehl, 2 Eßlöffel Öl od. Margarine, 2 Eßlöffel Petersilie, Salz, 1 Prise Zucker.

500 g grüne Erbsen in 3 Eßlöffel Öl od. Margarine dünsten, mit der feingeschnittenen Petersilie bestreuen und mit Mehl bestreuen. Mit Brühe od. Salzwasser auffüllen, noch mal aufkochen lassen, mit Salz und Zucker je nach Geschmack abschmecken.

Bohnengemüse

Zubereitungszeit: ca. 1 Stunde 30 Minuten

Zutaten: 250 g weiße od. braune Bohnen, 3 Eßlöffel Öl od. Margarine, 2,5 Eßlöffel Mehl, 1 halbe Zwiebel, 1 Zehe Knoblauch, 0,1 l Sauerrahm, Salz, ein paar Tropfen Essig, Lorbeerblätter, 1 Prise Zucker.

Weiße od. braune Bohnen in Wasser einweichen. In einem Topf mit Räucherspeck in Salzwasser weich kochen.
Von 3 Eßlöffeln Öl od. Fett, Mehl und einer halben feingeschnittenen Zwiebel eine goldbraune Mehlschwitze machen, zu den gar gekochten Bohnen geben und alles noch mal aufkochen. Mit ein paar Tropfen Essig und 0,1 l Sauerrahm servieren.

Dies alles kann auch ohne Mehlschwitze gemacht werden, dann mit Sauerrahm glattrühren und das über die gar gekochten Bohnen geben.

Trockene-Erbsen-Gemüse

Zubereitungszeit: ca. 1 Stunde

Zutaten: 250 g trockene Erbsen, 3 Eßlöffel Mehl, 3 Eßlöffel Öl od. Fett, eine halbe Zwiebel, 1 Prise Pfeffer, Salz.

Die trockenen Erbsen einweichen, aufsetzen, salzen und mit Räucherspeck gar kochen. Feingeschnittene Zwiebel rösten und mit Paprika bestreuen, dann über die gar gekochten Erbsen geben.

Süße Mehlspeisen

Marmeladenschweinsohren

Zubereitungszeit: ca. 1 Stunde

Zutaten: 500 g Mehl, 2 Eier, 3 Eßlöffel Öl od. Margarine, 300 g Zwetschgenmarmelade, 100 g Semmelbrösel, 2 Eßlöffel Zukker, 1 Mokkalöffel Zimt.

Von Mehl und Ei Nudelteig herstellen, zu einem dünnen Fladen auswalzen, 4-5 cm entfernt einen Mokkalöffel Zwetschgenmarmelade darauf geben. Den Teig zwischen der Marmelade mit Eiweiß bestreichen, dann die andere Hälfte vom Nudelteig darauf klappen und zudrücken, mit speziellem Teigmesser in kleine Würfel schneiden. In Salzwasser ca. 20-25 Min. gar kochen. 100 g Semmelbrösel mit 3 Eßlöffeln Margarine goldbraun braten und die fertigen Nudeln hineingeben, wälzen.

Beim Servieren mit Pulverzucker bestreuen.

Semmelschmarett

Zubereitungszeit: ca. 45-60 Minuten

Zutaten: 3-4 Stangen (Butterstangen), 3 Eier, 0,5 l Milch, 100 g Zucker, 30 g Butter, 100 g gemahlene Nuß, 100 g Sultaninen, 0,5 kg Apfel, 3 Eßlöffel Aprikosenmarmelade, Rum.

Butterstange in Ringe schneiden, mit dem Eigelb, dem Zucker und der erwärmten Butter zusammenrühren, mit Milch aufgießen. Einen breiteren feuerfesten Topf mit Butter ausstreichen und den Teig hineingeben, bestreuen mit in Rum eingeweichten Nüssen und Sultaninen. Die Äpfel in dünne Scheiben schneiden und darauf geben, dann in heißer Röhre ca. 30 Min. backen. Dazwischen Eiweiß zu Schnee schlagen und Aprikosenmarmelade dazugeben. Das alles auf den gebackenen Kuchen geben und noch 10-15 Min. weiterbacken, bis das Eiweiß bräunlich ist.

In feuerfestem Topf servieren und in Würfel geschnitten portionieren.

Nudeln mit Mohn

Zubereitungszeit: ca. 15-20 Minuten

100 g gemahlener Mohn, 100 g Pulverzucker, in schmale Streifen geschnittene Nudeln, ca. 5 cm lang, Salz.

Die in Streifen geschnittenen Nudeln in Salzwasser kochen, dann 1 Eßlöffel Margarine dazugeben, verrühren. Den Mohn mit Pulverzucker vermischen und darauf streuen. Warm servieren.

Nudeln mit Nuß und Nudeln mit Marmelade werden genauso gemacht.

Mohn-Stange

Zubereitungszeit: ca. 30-45 Minuten

Zutaten: 350 g Mohn, 150 g Pulverzucker, 12 Butterstangen (ähnlich den Bambergern), 2 Eßlöffel Honig, 0,1 Liter Milch, 50 g Butter, 1 Prise Salz.

Etwa 12 Butterstangen in Ringe schneiden, Milch darauf gie- ßen und vorsichtig umdrehen. Mit 50 g Butter einen feuer- festen Topf einfetten, die eingeweichten Butterstangen ohne Milch hineingeben und ca. 15 Min. vor dem Servieren in die heißen Röhre geben. Pulverzucker und gemahlenen Mohn darüber geben und warm servieren. Mit Honig nach Ge- schmack abschmecken.

Pfannkuchen (Palatschinken)

Zubereitungszeit: ca. 25-30 Minuten

Zutaten für 12 Stk.: 1 Ei, ca. 150 g Mehl, 0,3 l Milch, 0,1 l Mineralwasser, 1 Prise Salz, 1 Prise Zucker, nötiges Öl od. Margarine.

150 g Mehl mit einem Ei verrühren und nach und nach Milch und Mineralwasser dazugeben. Diese Masse darf nicht zu dick und nicht zu dünn sein, dann 1 Prise Salz und 1 Prise Zucker dazugeben.
Einen Mokkalöffel Margarine od. Öl in einer Pfanne erwärmen und einen Schöpflöffel Eierteig hineingeben, es muß der Pfannenboden dünn bedeckt sein, bei starker Hitze backen. Wenn die untere Seite gebacken ist, wenden, auf der anderen Seite kurz weiterbacken. Auf diese Weise den ganzen Teig verarbeiten.

Die Füllung je nach Geschmack: Marmelade, Quark, Rosinen, Mohn, Nuß ...

Salziges, Mehlspeisen

Kraut mit Teigblättern

Zubereitungszeit: ca. 35 Minuten

Zutaten: 1 kleiner Kopf Weißkraut (ca. 1 kg), 2 Eßlöffel Öl, 200 g Teigblätter, 1 Messerspitze gemahlener Pfeffer, Salz. Das Weißkraut reiben, salzen und in 2 Eßlöffeln Öl dünsten. 200 g Teigblätter in Salzwasser gar kochen.

Wenn das Weißkraut goldfarben ist, die gekochten Teigblätter dazugeben, umrühren und mit gemahlenem Pfeffer bestreuen.

Als selbständiges Gericht servieren.

Kartoffeln mit Teigblättern

Zubereitungszeit: ca. 40 Minuten

Zutaten: 500 g Kartoffeln, 1 mittelgroße Zwiebel, 1,5 Eßlöffel Öl, 1 Eßlöffel Rosenpaprika, 1 Prise Pfeffer, 200 g Teigblätter, Salz.

500 g Kartoffeln schälen, in Würfel schneiden und in Salzwasser gar kochen. In einem feuerfesten Topf die feingeschnittene Zwiebel goldbraun dünsten und die gepreßten Kartoffeln und einen Eßlöffel Rosenpaprika dazugeben, das alles verrühren. Zwischenzeitlich 200 g Teigblätter in Salzwasser gar kochen. Dann vermischen wir die Kartoffelmasse mit den gekochten Teigblättern. Bei langsamem Feuer ein paarmal umrühren.

Als selbständiges Gericht zu servieren.

Kartoffel-Nockerln à la Bihary

Zubereitungszeit: ca. 35-45 Minuten

Zutaten: 500 g Speise- od. Salatkartoffel, möglich große Stük-
ke, 150-200 g Räucherspeck, 200 g Schafskäse, nötige Menge
Mehl, Salz.

500 g Kartoffeln schälen, waschen und reiben, so viel Mehl
dazugeben wie die Kartoffeln aufnehmen. Mehlteig muß so
fest sein, daß er vom Holzlöffel schwer abgeht. In einem grö-
ßeren Topf 5 l Salzwasser kochen lassen. Von der Masse Nok-
kerln reißen od. reiben und gar kochen.
In einem feuerfesten Topf den in kleine Würfel geschnittenen
Räucherspeck auslassen, beiseite legen, dann die Mehlspeise
ins heiße Fett geben, 200 g Schafskäse unterrühren und die
Grieben auch dazugeben.

Man kann ohne Schafkäse auch mit gedünstetem Sauerkraut
servieren.

Als selbständiges Gericht od. als Garnierung für Pörkölt servieren.

Spaghetti mit Käse

Zubereitungszeit: ca. 10-15 Minuten

Für 2-3 Personen 250 g Spaghetti in Salzwasser gar kochen.
150 g Edamer od. Emmentaler Käse reiben.

Die gekochten Spaghetti abtropfen lassen und in einem feuerfesten Topf mit einem Eßlöffel Margarine aufwärmen. Vor dem
Servieren mit geriebenem Käse bestreuen.

Flammenkuchen, Fladen

Zubereitungszeit: ca. 30-45 Minuten

Zutaten: 250 g Mehl, 20 g Hefe, 0,2 Liter Milch, 1 Prise Zukker, 3 Mokkalöffel Öl, Salz, viel Öl zum Braten.

Geriebene Hefe in lauwarme Milch geben, dazu 1 Prise Zukker, 10 Min. stehen lassen. In einen Topf Mehl geben und den Hefeteig dazugeben. Den Teig mit beiden Händen gut durchkneten, 1 Mokkalöffel Öl dazugeben, mit Mehl bestreuen, er darf weder zu hart noch zu weich sein. Den Teig so lange gehen lassen, bis sich der Teig verdoppelt hat. Dieser Topf muß mit einem Küchentuch zugedeckt werden. In einer Pfanne 0,4 Liter Öl erhitzen und den in Kugeln geformten Teig ausrollen, so wie bei Pizza, goldbraun braten und beim Servieren salzen.

Man kann mit Knoblauchpulver abschmecken oder mit gedünstetem, feingeschnittenem Sauerkraut den Teig füllen und so ausbraten.

Topfenflecken od. Topfenfleckerl

Zubereitungszeit: ca. 20 Minuten

Zutaten: 250 g Teigblätter, 100 g in kleine Würfel geschnittener Räucherspeck, 200 g Quark, 0,1 l Sauerrahm, Salz.

250 g Teigblätter in Salzwasser kochen, gleichzeitig 100 g in kleine Würfel geschnittenen Räucherspeck auslassen.
Wenn die Teigblätter gar sind, mit dem ausgelassenen Fett übergießen, daß die Teigblätter nicht zusammenkleben. In einen feuerfesten Topf den Teig tun, Grieben darunterziehen und den Quark darauf geben. Beim Servieren den Sauerrahm darübergießen.

Alles soll sehr schnell gehen und sofort serviert werden, weil die Topfenfleckerl nur warm wohlschmecken.

Andere Mehlspeisen

Käsekroketten

Zubereitungszeit: ca. 10 Minuten

Zutaten: 100 g Edamer, 100 g Emmentaler (es können auch Käsereste verwendet werden), 3 Eßlöffel Mehl, 2 Eier, 1 Prise Salz, Paniermehl, nötige Margarine.

Reiben wir die 200 g Käse und machen mit 2 Eiern, Mehl, Salz eine härtere Masse. Mit der nassen Hand eine Teigkugel formen oder eine Rolle, in Paniermehl wenden und in Margarine goldbraun braten.

Paßt gut zu Braten, Grill- und Hähnchengerichten.

Brot im Schlafrock mit Champignons

Zubereitungszeit: ca. 15 Minuten

200 g feingeschnittene Champignons in 1 Eßlöffel Margarine dünsten. Wenn die Champignons aus der Dose sind, braucht man nicht lange zu dünsten. 100 g Schafkäse zu den Champignons geben und zusammen weiter dünsten lassen. Wenn der Schafkäse schmilzt, kommt diese Masse zwischen zwei dünne Scheiben Brot. Das Brot in einem verrührten, gesalzenen Ei wenden und mit Paniermehl panieren. In erhitztem Öl goldbraun braten.

Dieses Gericht ist gut fürs Frühstück und für Zwischenmahlzeiten.

Spiegelei mit Pfeffer und Paprika

Zubereitungszeit: ca. 5 Minuten

In einer Pfanne Öl od. Margarine erhitzen, die Eier hineinschlagen und braten, bis das Eiweiß fest ist. Aus der Pfanne herausnehmen und mit Salz, Pfeffer und Paprikapulver bestreuen.

Panierte Schinkenwurst

Zubereitungszeit: ca. 10 Minuten

In dünne Scheiben geschnittene Schinkenwurst in Mehl, ver-rührtem Ei und in Paniermehl wenden und in Öl od. Margarine goldbraun braten.

Kartoffelpüree od. Pommes frites passen dazu.

Rühreier mit Dauerwurst

Zubereitungszeit: ca. 15-20 Minuten

Zutaten: 4 Eier, 1 kleinere Zwiebel, 1 kleinere Paprika, 50 g Dauerwurst, 1 Prise Pfeffer, Salz.

In Ringe od. feingeschnittene Zwiebel mit der in Ringe geschnittenen grünen Paprika in wenig Öl od. Margarine goldbraun dünsten, vorher salzen. 50 g in Würfel geschnittene Dauerwurst in der Pfanne mit verrührten Eiern übergießen, mit einem Kochlöffel verrühren, bis die Eier fest sind.

Letscho

Zubereitungszeit: ca. 40 Minuten

Zutaten: 4 mittelgroße Paprika, 1 größere Zwiebel, 2 größere Tomaten, 100 g Räucherspeck, 1 Messerspitze scharfer Paprika od. Chili, je nach Wunsch.

In Würfel geschnittene Zwiebel und die in Ringe geschnittene Paprika in 2 Eßlöffeln Öl dünsten. Wenn die Zwiebeln goldbraun sind, die in Stücke geschnittenen Tomaten dazugeben. In einem zugedeckten Topf im eigenen Saft dünsten.
100 g Räucherspeck auslassen und die Grieben zu dem Letscho dazugeben.

Geeignet für Fleischgerichte und Reisgerichte.

Letscho mit Ei

Zubereitungszeit: ca. 45 Minuten

Den Saft von dem Letscho einkochen lassen und verrührte Eier dazugeben. So lange rühren, bis die Eier fest geworden sind. Das Gericht wird schmackhafter mit Dauerwurst.

Vogelmilch

Zubereitungszeit: ca. 45 Minuten

Zutaten: 1,5 l Milch, 6 Eier, 150 g Zucker, ½ Vanillestange,
1 Päckchen Vanillezucker, 150 g Sultaninen.

In einem offenen Topf 1,5 l Milch kochen, Vanillestange und
Vanillezucker dazugeben und aufwallen lassen. Eigelb vom Eiweiß trennen. Eiweiß zu festem Schnee schlagen und in die
kochende Milch geben. Wenn die Flocken an die Oberfläche
kommen, vorsichtig herausnehmen und in eine Schüssel geben.
Die Eigelb mit 150 g Zucker aufschlagen und unter ständigem
Rühren langsam zu der abkühlenden Milch gießen.
Wenn die Masse dick zu werden beginnt, vom Herd nehmen
und unter Rühren lauwarm werden lassen. Dann die 150 g
Sultaninen dazugeben, die Schneeflocken darauf geben und
mit ein wenig geriebener Zitronenschale bestreuen.

Es muß kalt serviert werden.

Kartoffelpaprikasch

Zubereitungszeit: ca. 30-45 Minuten

Zutaten: 6-7 mittelgroße Kartoffeln, 1 mittelgroße Zwiebel, 1 Eßlöffel Öl od. Margarine, 1 Eßlöffel Rosenpaprika, 1 Paar Wienerle, Salz.

Feingeschnittene Zwiebel in einem Eßlöffel Öl od. Margarine goldbraun braten und mit 1 Eßlöffel Rosenpaprika bestreuen. Kartoffeln der Länge nach vierteln und dazugeben. Mit Wasser auffüllen, bis die Kartoffeln bedeckt sind.
Das Ganze salzen und die in Scheiben geschnittenen Wienerle dazugeben, noch ca. 5 Min. kochen lassen.

Mit handgemachten Nockerln (Nudelteig) servieren.

Geladene Kartoffeln

Zubereitungszeit: ca. 1 Stunde

Zutaten: 7-8 mittelgroße Kartoffeln, 7 Eier, 100 g Dauerwurst
(Gyulaier), 0,25 l Sauerrahm, Salz, 3 Eßlöffel Margarine.

Die ungeschälten Kartoffeln kochen. Die Kartoffeln und die 7
hartgekochten Eier unter kaltem Wasser abschrecken, schälen
und alles sowie die Dauerwurst in Scheiben schneiden.
Einen Topf mit 3 Eßlöffeln Margarine ausstreichen und zuerst
die Kartoffeln, dann die Eier, dann die Dauerwurst in Schich-
ten reingeben, dies wiederholen, bis der Topf voll ist. Die letz-
te Schicht müssen die Kartoffeln sein.
Den Sauerrahm mit Salz abschmecken und gut darüber verteilen und in der vorgeheizten Backröhre goldbraun werden
lassen.

Ochsenauge mit Kartoffeln

Zubereitungszeit: ca. 2 Stunden 30 Minuten

Zutaten: mittelgroße Kartoffeln, 150-200 g Mehl, einen halben Würfel Hefe, 0,2 Liter Milch, 1 Prise Zucker, Salz, 1 Eigelb, nötige Margarine.

3 mittelgroße Kartoffeln schälen, in Würfel schneiden und in Salzwasser gar kochen. Dann durchpressen, geriebene Hefe in lauwarme Milch geben, dazu 1 Prise Zucker, 10 Min. stehen lassen.
150-200 g Mehl, durchgepreßte Kartoffeln, Salz, 1 Eßlöffel Margarine und die Hefemasse gut verarbeiten, durchkneten. Mit Mehl gut bestreuen, mit einem Küchentuch bedecken und 1 Stunde ruhen lassen. Dann den Teig ca. 2 cm ausrollen, wie Butterblätterteig zusammenfalten, danach 15 Min. ruhen lassen, das noch zweimal wiederholen.
Schließlich 2 cm dick ausrollen, mit einer runden Form ausstechen, die Oberfläche einritzen, mit Eigelb bestreichen, auf mit Mehl bestreutem Blech in der Röhre bei 200° Hitze goldbraun werden lassen.

Man kann auch mit Kümmel bestreuen.

Kirschstrudel

Zubereitungszeit: ca. 20 Minuten

Fertigen tiefgefrorenen Strudelteig auftauen.

Füllung: Kirsch-, Sauerkirsch-Früchte vom Kern lösen, mit geriebener Semmel, Mandeln od. geriebenen Nüssen und mit etwas Zimt, eventuell Rosinen, Puderzucker bestreuen und auf dem Teig gleichmäßig verteilen.

Einrollen und in vorgeheizter Röhre goldbraun backen, bei 200 Grad ca. 15 Min.

Mohnstrudel

Zubereitungszeit: ca. 20 Minuten

150 g gemahlenen Mohn, 100 g Zucker, 2 Eßlöffel Sauerrahm, ½ Handvoll Rosinen, abgeriebene Zitronenschale gut zusammenmischen und auf dem Teig verteilen, einrollen und in vorgeheizter Röhre goldbraun backen, ca. 15-20 Min.

Nußstrudel

Zubereitungszeit: ca. 20 Minuten

150 g gemahlene Nuß mit 150 g Zucker, 2 Eßlöffeln Sauerrahm, abgeriebener Zitronenschale gut verrühren und auf dem Teig verteilen. Einrollen und in vorgeheizter Röhre goldbraun backen, ca. 15 Min. lang.

Quarkstrudel

Zubereitungszeit: ca. 20 Minuten

Zutaten: 300 g Quark, 1 Eßlöffel Sauerrahm, 1 Ei, 2 Eßlöffel Zucker, 1 Eßlöffel Grieß, geriebene Zitronenschale, eine Handvoll Rosinen, Vanillezucker nach Geschmack.

Den Quark passieren, mit Eigelb, 1 Eßlöffel Sauerrahm, 1 Eßlöffel Zucker, einer Handvoll Rosinen, 1 Prise Vanillezucker gut verrühren. Dann steifgeschlagenes Eiweiß dazugeben und auf dem Teig verteilen. Einrollen und in vorgeheizter Röhre goldbraun backen, ca. 45 Min. Backzeit.

Soßen

Weiße Soße

Zubereitungszeit: ca. 15 Minuten

Zutaten: 2 Eßlöffel Margarine, 1 gehäufter Eßlöffel Mehl, 0,4 Liter Milch, Salz.

2 Eßlöffel Margarine erwärmen, das Mehl dazugeben und eine weiße Mehlschwitze daraus machen. Dann mit 0,4 l Milch auffüllen und unter langsamem Rühren ca. 10 Min. kochen lassen.
Zu Braten und zu Fleischklößen paßt sie gut.

Tatarsoße

Zubereitungszeit: ca. 10 Minuten

Ein Eigelb, 0,1 Liter Weißwein, 2 Eßlöffel Sauerrahm, 1 Prise Zucker, 1 Prise Salz, 1 Mokkalöffel Senf, ein paar Tropfen Zitronensaft gut verrühren und ca. 5 Min. kochen lassen.

Paßt gut zu Fischgerichten, gefüllten Eiern, Salat und paniertem Fleisch.

Senfsoße

Zubereitungszeit: ca. 10 Minuten

Einen Eßlöffel Senf und 0,1 Liter süßen oder Sauerrahm verrühren, mit 0,1 Liter Wasser auffüllen, mit ein paar Tropfen
Essig und mit Salz abschmecken. Ca. 5 Min. langsam kochen
lassen.

Gekochtes Fleisch und Salat damit überziehen.

Rote Rübe mit Meerrettich

Zubereitungszeit: ca. 5 Minuten

Meerrettich mit Essig abschmecken, die gekochte rote Rübe
darunter mischen und zum Braten geben.

Meerrettichsoße mit Apfel

Zubereitungszeit: ca. 10 Minuten

Zutaten: 150 g Meerrettich, 0,1 l Sauerrahm, 2-3 Äpfel, ein
paar Tropfen Essig, 1 Mokkalöffel Zucker, Salz.

150 g Meerrettich sehr fein reiben, auch die 2-3 Äpfel, dann
mit verdünntem Essig, Salz, Sauerrahm und Zucker abschmekken, das alles gut vermischen.

Dillsoße

Zubereitungszeit: ca. 10-15 Minuten

Zutaten: 1 Strauß Dill, 1 kleinere Zwiebel, 0,1 Liter Sauerrahm, 1 Eßlöffel Essig, 1 Eßlöffel Zucker, 1 Eßlöffel Mehl, Salz, 1-2 Eßlöffel Öl od. Margarine.

Margarine od. Öl erwärmen, Mehl hinzugeben und eine helle Mehlschwitze herstellen. Dann die feingeschnittene Zwiebel und den feingehackten Dill dazugeben. Mit etwas Wasser (ca. 0,1 Liter) aufgießen, ca. 10-15 Min. kochen lassen.

Wenn der Geschmack etwas nachläßt, kann man noch etwas frischen Dill dazugeben. Mit Zucker und Essig abschmecken.

Diese Soße wird zu gekochtem Fleisch, Braten und Fischgerichten serviert.

Knoblauchsoße

Zubereitungszeit: ca. 10-15 Minuten

Zutaten: 5-6 Zehen Knoblauch, 1 gehäufter Eßlöffel Mehl, 0,1
l Sauerrahm, Salz, 2 Eßlöffel Margarine od. Öl.

Eine helle Mehlschwitze machen, die mit einer Messerspitze
zerdrückten Knoblauchzehen dazugeben (mit Salz zerdrückt
sich die Knoblauchzehe wesentlich leichter).

Die Mehlschwitze mit ein wenig Wasser auffüllen und aufkochen lassen. Mit Salz und Sauerrahm abschmecken.

Zitronensoße

Zubereitungszeit: ca. 10 Minuten

Eine goldbraune Mehlschwitze mit Bratenfett machen. Mit
Wasser od. Brühe aufgießen, mit abgeriebener Zitronenschale
und ein paar Tropfen Zitronensaft vermischen. Vor dem Anrichten mit Sauerrahm abschmecken.

Meerrettichsoße

Zubereitungszeit: ca. 10 Minuten

Zutaten: 100 g geriebener Meerrettich, 1 gehäufter Eßlöffel
Mehl, 0,1 l Sauerrahm, 0,4 l Milch, 1 Prise Zucker, Salz, einige
Tropfen Essig.

100 g geriebenen Meerrettich stehen lassen, so verliert er an
Schärfe. Sauerrahm und einen gehäuften Eßlöffel Mehl vermischen, mit 0,4 l Milch aufgießen, dann abschmecken mit
Salz, Zucker und ein paar Tropfen Essig. Ca. 5-10 Min. langsam kochen lassen.

Zwiebelsoße

Zubereitungszeit: ca. 15-20 Minuten

Zutaten: 1 mittelgroße geriebene Zwiebel, 1-2 Eßlöffel Mehl,
1-2 Eßlöffel Essig, Salz, 5 Würfelzucker, 2-3 Eßlöffel Öl od.
Margarine.

In Margarine die geriebene Zwiebel mit Mehl goldbraun dünsten, Zucker dazugeben. Mit Wasser od. mit Brühe aufgießen
und 15 Min. kochen lassen. Dann abschmecken mit Salz und
ein paar Tropfen Essig, es kann auch Sauerrahm dazugegeben
werden.

Tomatensoße

Zubereitungszeit: ca. 15 Minuten

Zutaten: 500 g Tomate, 2 Eßlöffel Öl od. Margarine, 2 Eßlöffel Mehl, 1-2 Eßlöffel Zucker, 1 mittelgroße Zwiebel, 1-2
Lorbeerblätter od. Sellerieblätter, Salz.

500 g Tomaten mit Zwiebel, Lorbeerblättern od. Sellerieblättern in Salzwasser weich kochen, dann passieren. Dazwischen
von 2 Eßlöffeln Öl od. Margarine und Mehl eine helle Mehlschwitze machen und mit den passierten Tomaten verrühren.
Mit nötigem Wasser verdünnen und noch mal kurz aufkochen.

Innereien

Nieren mit Hirn

Zubereitungszeit: ca. 40 Minuten

Zutaten: 2 Schweinenieren, 200-250 g Schweinehirn, 2 Eßlöffel Öl od. Margarine, 1 mittelgroße Zwiebel, 1½ Eßlöffel
Rosenpaprika, 1 Prise Pfeffer, Salz.

Nieren in zwei Hälften schneiden und putzen, dann in dünne
Streifen schneiden und in Essigwasser 10 min. stehen lassen.
In Würfel geschnittene Zwiebel in Öl od. Margarine anrösten, Rosenpaprika dazugeben und mit 0,1 l Wasser auffüllen.
Dann Nieren gut waschen und dazugeben, gar kochen. Wenn
die Nieren gar sind, geputztes Hirn hineingeben, ca. 10 Min.
leicht weiterkochen, mit 1 Prise Pfeffer und Salz abschmecken.

Mit Salzkartoffeln und Kopfsalat servieren.

Geröstete Leber

Zubereitungszeit: ca. 15-20 Minuten

Zutaten: 250 g Schweine- od. Rinderleber, 1 kleinere Zwiebel, 1 Prise Pfeffer, 1 Eßlöffel Rosenpaprika, Salz, 2 Eßlöffel Öl od. Margarine.

Leber putzen und in Scheiben schneiden. In Würfel geschnittene Zwiebel glasig dünsten, in Scheiben geschnittene Leber dazugeben und anrösten, mit Rosenpaprika bestreuen. Ca. 0,1 l Wasser auffüllen und mit 1 Prise Pfeffer abschmecken. Salz anschließend dazugeben, weil die Leber davon hart wird.

Mit Kartoffelpüree und Kopfsalat servieren.

Hirn mit Ei

Zubereitungszeit: ca. 20-25 Minuten

Zutaten: 200-250 g Schweine- od. Kalbshirn, 2 Eßlöffel Öl od. Margarine, 1 kleinere Zwiebel, 2-3 Eier, Salz, 1 Prise Pfeffer, 1 Prise Paprika.

Hirn putzen und kleinschneiden. In Würfel geschnittene Zwiebel in Öl od. Margarine dünsten, dann das geputzte Hirn dazugeben und weiter dünsten, verrührte Eier darauf gießen. So lang weiter dünsten, ständig umrühren, bis das Ei härter wird. Mit Paprika und Pfeffer bestreuen.

Als Vorspeise servieren.

Kuttelnpörkölt

Zubereitungszeit: ca. 40 Minuten

Zutaten: 500 g Kutteln, 1 mittelgroße Zwiebel, 2 Eßlöffel Öl od. Margarine, 2 Eßlöffel Rosenpaprika, 1 Prise Pfeffer, Salz. Gründlich geputzte Kutteln in Essigwasser ca. 10 Min. stehen lassen. Gut waschen und in Streifen schneiden.

In Würfel geschnittene Zwiebel in 2 Eßlöffel Öl od. Margarine goldbraun dünsten, Rosenpaprika darauf geben, mit Wasser auffüllen, in Streifen geschnittene Kutteln dazugeben und gar kochen.

Mit Salzkartoffeln und Kopfsalat servieren.

Hähnchenmagen-Pörkölt

Zubereitungszeit: ca. 40 Minuten

Zutaten: 500 g Hähnchenmagen, 1 mittelgroße Zwiebel, ½ grüne Paprika, 1 kleine Tomate, 1 Eßlöffel Rosenpaprika, Salz.

Hähnchenmagen gründlich sauber machen, waschen. In Würfel geschnittene Zwiebel in 2 Eßlöffeln Öl od. Margarine glasig dünsten, Paprikascheiben dazugeben und die zerkleinerte Tomate darauf geben. Verrühren, mit Rosenpaprika abschmekken, mit Wasser auffüllen, salzen und gar kochen.

Dazu Spätzle od. Makkaroni geben.

Rinderherzpörkölt genauso zubereiten. Das Rinderherz bei Vorbereitung in kleine Würfel schneiden.

Panierte Leber

Zubereitungszeit: ca. 25 Minuten

Zutaten: 3-4 Scheiben Leber vom Rind od. Schwein, 1 Ei, Mehl, Paniermehl.

Frische Leberscheiben in Mehl, in verrührtem Ei und in Paniermehl wenden, in heißem Öl goldbraun braten, dann salzen.